AF337743

JEAN BODIN

BARREAU DE PARIS

JEAN BODIN

DISCOURS

Prononcé le 21 novembre 1867

A LA

SÉANCE DE RENTRÉE DE LA CONFÉRENCE PAILLET

PAR

Achille DUVAL, Avocat

IMPRIMÉ AUX FRAIS DE LA CONFÉRENCE

PARIS

IMPRIMERIE BALITOUT, QUESTROY ET Cᶜ

7, RUE BAILLIF ET RUE DE VALOIS, 18

1867

Si le progrès est la loi nécessaire de l'humanité, la souffrance est la condition du progrès. Il n'est pas une seule vérité dont nous soyons aujourd'hui en possession, qui n'ait coûté à son auteur des larmes ou du sang. Depuis ce philosophe de l'antiquité qui paie de sa vie la pureté de ses doctrines, jusqu'à ce héros du nouveau Monde, qui, de nos jours, expie sur le gibet des malfaiteurs son amour de la justice et de l'humanité, tous les grands novateurs ont été des martyrs. Dès qu'une idée se fait jour, l'esprit d'initiative qui s'en constitue le champion rencontre devant lui l'esprit de routine qui se dresse pour le combattre ; les intérêts lésés, l'orgueil froissé prennent l'éveil ; la lutte s'engage redoutable et terrible. Chose consolante, Mes-

sieurs, une longue expérience nous apprend que
le triomphe appartient toujours, en fin de compte,
à la vérité. L'inquisition a passé, et la doctrine de
Galilée vit dans toute sa force et sa grandeur;
mais au prix de quels tourments et de quels sa-
crifices.

Il en est, Messieurs, des peuples et des âges,
comme des individus. Les progrès dans la morale,
dans les sciences et dans les arts, y sont toujours
le fruit d'un douloureux enfantement; et les épo-
ques auxquelles nous sommes le plus redevables
sont celles qui ont souffert des plus rudes se-
cousses.

Parmi ces siècles à la fois terribles et grandio-
ses, se place tout d'abord le seizième siècle. Au
premier moment le regard n'y découvre qu'un
inextricable chaos; le monde entier semble disparaître sous un déluge de feu et de sang. Mais si,
refoulant au fond de notre âme un premier sentiment de défaillance et d'effroi, nous pénétrons
plus avant, tout prend à nos yeux un aspect nouveau: c'est la fièvre d'une société en travail, c'est
le bouillonnement du creuset où s'élabore notre
civilisation moderne. Aussi, que de singuliers con-
trastes, que d'éléments divers mêlés et confondus!
Au milieu de désordres de toute nature, que de
faits généreux et sublimes! C'est l'Océan que l'on
franchit, des mondes inconnus qu'on découvre, les
astres qui livrent à l'homme le secret de leur mar-
che; les Jean Goujon, les Pilon, les Primatice écrivent sur le marbre et la pierre les généreuses

pensées qui fermentent en eux; les Rabelais, les Montaigne, les écrivent en style plus durable que la pierre et le marbre; et tout cela au bruit du tocsin et des arquebusades, aux cris des mourants, à la flamme des auto-da-fé. Certes, elle était grande cette corruption qui faisait dire au chancelier L'Hôpital, en montrant sa barbe blanchie par les années et la douleur : « Lorsque cette neige » sera fondue, il ne restera plus que de la boue ; » et, cependant, que de grandes et pures vertus, à côté de ces vices sans nom.

C'est une de ces belles et mâles figures, que j'entreprends de vous dépeindre aujourd'hui, en étudiant avec vous la vie d'un homme, qui, par ses talents, ses vertus et ses défauts mêmes, fut peut-être la personnification la plus saisissante de ce siècle cependant si riche et si fécond : Je veux parler de Jean Bodin.

Me Lesourd, il y a quelques années, dans son éloge de Dumoulin, si justement applaudi, vous décrivait l'état du droit privé à cette époque. Appelé par votre choix bienveillant à prononcer devant vous le discours de rentrée, je veux rechercher aujourd'hui dans les œuvres d'un jurisconsulte non moins éminent, les grands principes de droit public que ce siècle a vu naître et qu'il nous a légués.

Certes, Messieurs, depuis ce temps l'humanité a marché, des progrès de toute sorte se sont accomplis; l'œuvre de Bodin a suivi la loi commune, elle a vieilli. Et, cependant, vous verrez quels sentiments profondément honnêtes, quelles idées généreuses, quelles larges aspirations, eu égard à l'époque, débordent dans ces remarquables pages. A côté de théories surannées, vous y trouverez ces grands principes, éclatants comme la lumière, éternels comme la vérité. Et ne suffirait-il pas d'ailleurs à la gloire de Jean Bodin de rappeler ici qu'il a préparé Montesquieu, que sa *République* est comme la préface à l'*Esprit des Lois*.

Un tel sujet, Messieurs, est de nature, je l'espère, à m'assurer à lui seul votre bienveillante attention ; mais s'il me fallait lui donner un titre de plus à votre bon accueil, j'ajouterais que Bodin a fait partie de cet ordre auquel nous sommes tous fiers d'appartenir ; que, lui aussi, il a été du Barreau, et de celui-là qui nous intéresse entre tous, du Barreau de Paris.

Le bûcher de Berquin fumait encore, la doctrine luthérienne venait d'affirmer à Augsbourg le symbole de sa foi, lorsque Bodin vit le jour. Au seuil de ces luttes sanglantes, dont le signal allait retentir, Bodin semblait prédestiné à la défense des idées de conciliation et de tolérance religieuse, il était né d'un catholique français et d'une juive espagnole.

La plus grande obscurité environne les débuts de sa carrière. On sait seulement qu'il naquit à Angers, qu'il étudia le droit à Toulouse ; jeune encore, il y obtint ce titre de docteur alors si recherché, que l'Université conférait à ses lauréats à la suite d'un concours dont on vous retraçait l'an dernier, avec tant de verve et d'esprit, les singulières épreuves. Pauvre et sans protecteur, il se préparait à l'enseignement de cette science; l'avenir lui réservait d'autres destinées.

La science du droit, ainsi que vous le savez, Messieurs, consistait alors presque exclusivement dans la connaissance du droit romain. Depuis que le hasard des batailles avait fait rencontrer dans le butin d'une ville emportée d'assaut un trésor sans prix, un vieux manuscrit bizantin, les Pandectes de Justinien ; un grand mouvement scientifique s'était emparé de l'Italie et de l'Europe entière ; l'école de Bologne fut fondée, et la glose naissante y brilla d'un premier éclat. Sans doute, lorsque à six siècles de distance on se reporte à ce travail, on croit n'y voir qu'un effort impuissant et stérile. Et, cependant, ne nous pressons pas trop de le juger. La tâche fut utile, sinon glorieuse. Il fallait défricher le champ de la science pour que les jurisconsultes des siècles suivants y récoltassent de riches moissons; ce fut l'œuvre des glossateurs, et nous devons à Accurse un peu de reconnaissance à défaut d'admiration.

Le seizième siècle, dans son ardeur à tout embrasser, à tout connaître, allait, sans négliger les travaux de ses devanciers, abandonner le cercle étroit où ils avaient renfermé leurs pas, pour s'ouvrir une plus vaste carrière. Un savant au génie profond, au coup d'œil d'aigle, à l'imagination hardie, conçut le projet audacieux de frayer à la science une voie jusqu'alors inconnue. L'interprétation du texte, non plus à la pâle clarté du commentaire grammatical, mais à la lumière rayonnante de l'histoire, tel fut l'horizon nouveau aperçu par Alciat.

A l'époque où nous sommes arrivés, se trouvait à la tête de cet enseignement un homme dont nous avons tous appris à vénérer le nom, l'illustre professeur de Bourges, l'apôtre du droit romain. Sous la main d'un tel maître, la méthode historique s'était vite propagée et imprimait la direction aux études juridiques. A Toulouse, où sa voix s'était fait entendre, Cujas avait éveillé dans l'âme de ses auditeurs un culte ardent pour l'antiquité romaine, résultat glorieux pour le maître, glorieux pour les disciples. Mais le bien lui-même a ses écueils. Cet enthousiasme, dont on ne saurait trop applaudir le principe, conduisait dans son excès jusqu'à l'injustice pour le présent, jusqu'au mépris des contemporains ; et, pour la première fois peut être, le progrès allait entraver le progrès. Comment, en effet, vaincre cette immobilité systématique, comment porter désormais la persuasion dans l'âme d'une jeunesse prévenue, près de qui une vérité n'avait cours qu'autant qu'elle se présentait sous le patronnage d'un Paul ou d'un Papinien, et qui repoussait toutes les autres par une fin de non recevoir ; en répétant avec le maître : *Hoc non ad edictum prætoris.*

Bodin n'hésita cependant pas à le tenter. Certes il ne pouvait refuser son admiration à ces monuments de l'antiquité, débris d'une merveilleuse législation. Ses ouvrages, tout pleins des principes du droit romain, nous montreraient, à défaut d'autres témoignages, combien il l'avait en honneur. Mais il n'admettait pas que l'esprit dût se consumer dans une contemplation stérile du passé; génie essentiellement pratique, il sentait que la destinée humaine est de marcher en avant, et non de remonter le cours des âges, de construire et non d'admirer des ruines. Fort de sa croyance, il osa l'exposer dans un traité qu'il lut publiquement et qui devait lui servir de profession de foi, son traité de *Instituenda juventute*. Une pareille doctrine tombant dans des esprits imbus des théories, j'ai presque dit des préjugés de Cujas, ne pouvait manquer d'attirer à son auteur de dures persécutions. Aussi cette déclaration de principes devint-elle le signal d'une lutte acharnée, lutte de sarcasmes et de pamphlets, où Bodin devait avoir un jour à se défendre du maître lui-même, après s'être vu en butte aux traits de son école. Ses convictions n'en furent pas ébranlées; mais il en éprouva un secret découragement et songea dès lors à quitter le professorat. D'ailleurs, il sentait en lui un feu auquel il fallait un autre aliment, un génie qui demandait une plus vaste scène pour se déployer; le barreau de Paris lui apparut comme un théâtre digne de lui.

Vous savez, Messieurs, quels noms remplissaient alors le barreau de leur éclat : c'était Charles Dumoulin, Pasquier, de Thou; puis Montholon, Loysel, Hotman, Languet, Versoris, lui-même, noms si glorieux, qu'aujourd'hui encore, après trois siècles écoulés, ils rayonnent sur notre ordre comme un foyer de lumière. Au milieu de ces talents mûrs déjà, et en possession de la renommée, Bodin n'apportait encore que sa science, sa loyauté et son courage. Surpasser de tels maîtres, c'était folie d'y songer; se mesurer avec eux, c'était un honneur; cet honneur, Bodin peut y prétendre, et nos grands orateurs d'alors trouvèrent en lui un digne émule. Cependant, soit modestie, soit orgueil, il renonça à ces luttes, où il n'avait encore figuré qu'au second rang, et il s'éloigna peu à peu du barreau, pour se consacrer tout entier à ces études, qui devaient remplir le reste de sa vie.

Deux remarquables travaux, la *Méthode historique* et la *Réponse aux paradoxes de M. de Malestroit,* vinrent bientôt lui donner la célébrité qu'il avait en vain demandée à la parole. Que ne puis-je, Messieurs, vous donner ici un aperçu détaillé des grandes vérités contenues au *Methodus.* Avec quelle pénétration, vous le verriez interroger les institutions des divers peuples, soit de l'antiquité, soit des temps modernes. pour en faire ressortir les grands principes politiques et sociaux, et comme il le dit, l'universel. Avec quelle foi dans l'avenir de l'humanité, il proclame la supériorité des sociétés modernes, sur les anciennes. « Certes, » dit-il, les hommes de notre âge ont été plus sages » que les Romains, lorsqu'ils ont fait disparaître » dans la république chrétienne, les luttes san-

» glantes des hommes entre eux, et les cruels spec-
» tacles des combats de bêtes féroces, pour y substi-
» tuer d'utiles et fructueuses discussions sur tous
» les genres de savoir. » Puis, combattant l'opinion
de ceux qui prétendent que l'espèce humaine dégé-
nère, et s'attaquant à la fable de l'âge d'or : « Si les
» choses humaines rétrogradaient et empiraient,
» depuis longtemps nous serions tombés au dernier
» degré des vices et de l'ignominie, et c'est dans le
» passé, suivant moi, qu'on y est parvenu. » Belles
paroles, Messieurs, qu'il convient de méditer et de
méditer encore, et contre lesquelles ne saurait
prévaloir l'éloquente diatribe du misanthrope ge-
nevois, s'écriant, deux siècles après, dans un accès
d'humeur chagrine : « O homme ! de quelle que
» contrée que tu sois, et quelles que soient tes
» opinions, écoute. Mécontent de ton état présent
» par des raisons qui annoncent à ta postérité
» malheureuse de plus grands mécontentements
» encore, peut-être voudrais-tu rétrograder; et ce
» sentiment doit faire l'éloge de tes premiers
» aïeux, la critique de tes contemporains et l'effroi
» de ceux qui auront le malheur de vivre après
» toi. »

Le second de ces ouvrages est consacré à la défense d'une thèse d'économie politique, qui voyait
le jour pour la première fois, et dont Bodin revendique à bon droit la paternité. M. de Malestroit,
conseiller du roi, et maître des comptes sur le fait
des monnaies, avait soutenu, dans un écrit qu'il
intitulait lui-même *paradoxes,* que depuis trois

cents ans, aucun enchérissement ne s'était produit à l'endroit des subsistances ; que ce qui avait changé, c'était seulement le titre de la monnaie, mais qu'une même quantité d'or pur avait toujours suffi pour se procurer une même quantité de denrées. C'est cette théorie que Bodin prétend combattre. Il prouve d'abord de la manière la plus certaine que l'enchérissement est réel, et remontant à la source du mal, il l'attribue à trois circonstances : l'abondance de l'or et de l'argent, les monopoles, la disette. C'est, selon lui, à la découverte des Indes et des Amériques, aux coalitions des marchands, artisans et gagne deniers, au caprice des princes, au dégât des choses utiles, qu'il faut faire remonter ce fâcheux état de choses. Non content d'en signaler les causes, il y cherche le remède. Au dégât des choses utiles, il oppose une juste et sage économie ; aux monopoles, la liberté du commerce.

La liberté du commerce, c'est là son désir, son vœu le plus fervent. Il la revendique aussi bien pour le négoce intérieur que pour le trafic de peuple à peuple ; il combat à la fois les douanes et les corporations ; il proclame ce grand principe que le dix-huitième siècle formulera dans le laissez-faire, laissez-passer ; il en demande l'application au nom du progrès de l'humanité ; que dis-je, il semble y entrevoir dans le lointain l'avenir de la paix perpétuelle rêvée plus tard par l'abbé de Saint-Pierre. Écoutez ces belles paroles : « Quant » à la traite des marchandises qui sortent de

ce

» royaume, il y a plusieurs grands personnages
» qui s'efforcent et se sont efforcés par dits et écrits
» de la retrancher tout-à-fait, s'il leur était possi-
» ble, croyant que nous pouvons vivre heureu-
» sement et à bon marché sans rien donner à
» l'étranger et sans en rien recevoir; ils s'abusent,
» à mon avis, car nous avons affaire à des étran-
» gers et ne saurions nous en passer. » Et plus
loin : « Encore, dit-on, il ne faut pas donner nos
» biens pour néant aux étrangers, et même à nos
» ennemis; aussi nous y donnons bon ordre. Tou-
» tefois quand nous le ferions en ayant à suffi-
» sance, nous gagnerions plus par là leur amitié
» qu'à leur faire la guerre. Puisque Dieu, auquel
» nous avons juré, et faisons la guerre sans trêve,
» nous montre l'exemple avec une prodigalité
» démesurée. Mais parce que ceci ne peut entrer
» dans le cerveau de ceux qui ne font état de gain
» quoiqu'il soit sordide et déshonnête, Dieu, par
» sa prudence admirable, y a donné bon ordre;
» car il a tellement départi ses grâces, qu'il n'y a
» pays au monde si plantureux qui n'ait faute de
» beaucoup de choses; ce qu'il semble avoir fait
» pour entretenir tous les sujets de sa république
» en amitié, ou du moins, pour empêcher qu'ils
» ne se fassent longtemps la guerre, ayant tou-
» jours affaire les uns des autres. »

Un grand esprit, un grand philosophe de la
savante Allemagne, Kant, dira plus tard : « La
» paix perpétuelle deviendra possible par la pré-
» dominance de l'esprit de commerce qui s'em-

» pare tôt ou tard de chaque nation et qui est
» incompatible avec la guerre. La puissance pé-
» cuniaire étant de toutes celles de second ordre
» la plus sûre, les États se voient obligés de tra-
» vailler au noble ouvrage de la paix, quoique
» sans aucune vue morale; et quelque part que la
» guerre éclate, de chercher à l'instant même à
» l'étouffer par des médiations, comme s'ils avaient
» contracté à cet effet une alliance perpétuelle ;
» c'est ainsi que la nature garantit par le moyen
» même des penchants humains la paix perpé-
» tuelle, et quoique l'assurance qu'elle nous en
» donne ne nous suffise pas pour la prophétiser
» théoriquement, elle nous empêche du moins de
» la regarder comme un but chimérique, et nous
» fait par là même un devoir d'y concourir. »

Ce jour béni, où la liberté du commerce ter-
rassera le fantôme sanglant de la guerre, nous ne
le verrons pas se lever sur l'humanité ; mais nos
fils auront peut-être cette joie suprême, et se rap-
pelleront alors avec bonheur que Bodin et Kant
l'ont entrevu presque prophétisé.

Mais je m'arrête, Messieurs, car il me faudrait
reproduire l'ouvrage entier, si je voulais vous citer
toutes les vérités originales et neuves qu'on y
rencontre à chaque pas.

Des œuvres si remarquables valurent à leur
auteur les faveurs d'un monarque bel esprit qui
se piquait de protéger les savants et les gens de
lettres. On le voit figurer quelque temps au milieu
de cette cour bizarre et singulière, où, comme le

dit un historien de nos jours, se pressaient pêle-
mêle, artistes et savants, astrologues nécromans
et empoisonneurs, tout ce que l'intelligence a de
plus élevé, tout ce que le crime a de plus immonde.
Il y exerça cette influence qui accompagne partout
le génie et la vertu; et tel fut le crédit dont il
jouit un moment, qu'un sieur de la Serre, ayant
publié contre lui un pamphlet injurieux, se vit
arrêté par ordre exprès du roi.

Environné de gloire et de renommée, Bodin
rentra dans la carrière tumultueuse des affaires.
Il y apportait avec son intégrité bien connue une
fermeté invincible. Deux faits, que j'emprunte à
à Bayle et Nicéron, ses biographes, vont vous
donner la mesure de son énergique volonté. Des
difficultés s'étant élevées entre le domaine et les
acquéreurs de bois et forêts de Normandie, une
commission spéciale fut nommée pour les résou-
dre, et Bodin fut chargé auprès d'elle des fonctions de procureur du roi. Ces bois, Messieurs, se
trouvaient, en vertu d'un vieil usage, le droit de
tiers et danger, frappés d'inaliénabilité au profit
de la couronne. Bodin s'arma de cette ancienne
coutume, il poursuivit les acheteurs et instruisit
contre eux jusqu'à quatre cents procès. Cependant
des réclamations s'élèvent de toutes parts et mon-
tent jusqu'au pied du trône; le roi s'en inquiète
et déclare par un édit, qu'il consent à l'aliénation
du droit de tiers et danger. Mais il faut enregistrer
l'édit en Parlement; Bodin n'abandonne pas la
partie, il s'oppose à l'enregistrement, poursuit la

procédure; et il faut qu'un second édit viennent ordonner au Parlement de passer outre à l'enregistrement, malgré l'opposition du procureur du roi.

Ne croyez pas, Messieurs, que dans cette lutte opiniâtre Bodin n'eût en vue que la défense des intérêts qui lui étaient confiés. Il obéissait à une conviction intime et profonde. Il savait que l'inaliénabilité du domaine était la plus sûre garantie des peuples contre l'abus des taxes vexatoires; que si la royauté imprévoyante et besogneuse, toujours prête à sacrifier l'avenir au présent, avait fait de tout temps bon marché de ce principe protecteur, ce qu'elle avait distrait du domaine retombait tôt ou tard sous forme d'impôt à la charge des contribuables. Il ne voulait pas que les continuelles doléances des États demeurassent inutiles; que les ordonnances royales, que l'ordonnance de Moulins qui, la dernière, y avait fait droit, restassent une lettre morte. Derrière l'intérêt de la couronne il voyait celui de la nation; tel était le secret de son énergique résistance, et nous allons bientôt l'entendre soutenir contre la royauté, le respect du principe qu'il venait d'invoquer si fortement en sa faveur.

Plus tard, comme il remplissait les fonctions de procureur du roi au présidial de Laon, un jeune homme qu'on soupçonnait d'être un espion de la Ligue fut conduit devant le commandant de la place, et condamné à être pendu. Plein de force et d'agilité, le condamné était parvenu à échapper à ses gardes; mais il venait d'être repris et la sentence allait recevoir son exécution, lorsque Bodin instruit de ce qui se passait court chez le commandant, lui reproche d'avoir méconnu les formes protectrices de la justice, l'adjure de faire comparaître l'inculpé devant son tribunal; le commandant céda et le jeune homme fut sauvé.

Cette fermeté à toute épreuve, Bodin devait bientôt la déployer sur le nouveau théâtre où allaient le porter les circonstances et le choix de ses concitoyens.

Ce fut dans de tristes conjonctures que Bodin inaugura sa carrière politique. La parole de Calvin avait germé en France; le principe du libre examen s'y était vite développé. Je ne vous dirai pas, Messieurs, comment cette doctrine, qui consacrait cependant le principe d'autorité presque à l'égal de celle de Loyola, avait été mise par la noblesse au service de ses idées d'indépendance. L'esprit centralisateur de la royauté n'avait pu s'accommoder de cet élément dissolvant; il en était résulté une lutte sourde d'abord, dans laquelle on préludait de part et d'autre par des supplices et des coups de poignard, aux sanglantes hécatombes du lendemain : le bûcher d'Anne du Bourg, le meurtre de Minard annonçaient les massacres de Vassy, les journées de Jarnac et de Moncontour.

Cette lutte dégénérée bientôt en guerre ouverte, avait après bien des chances diverses, bien des rencontres indécises, bien des traités déchirés, bien des trêves violées, abouti au plus horrible des attentats qui ait jamais souillé la politique et la religion. Mais il était plus aisé d'immoler des victimes que de détruire un parti. La réforme sanglante s'était relevée plus exaspérée qu'affaiblie; et quatre ans ne s'étaient pas encore écoulés depuis la trahison, que le parti protestant dictait à son tour des conditions au roi. La couronne, impuissante, avait dû se soumettre et accepter la paix honteuse qui lui était offerte, bien résolue d'ailleurs à la rompre dès que l'occasion lui en serait fournie, elle n'avait pas oublié ces paroles du pape : « Comme il ne peut y avoir de communion entre » Satan et les fils de la lumière, on se doit tenir » pour assuré qu'il ne peut y avoir aucune com- » position entre les catholiques et les hérétiques, » sinon pleine de fraude et de feintise. »

Telle était la paix boiteuse dont il s'agissait de renverser l'édifice chancelant. La royauté avilie ne craignait pas de s'avilir encore en demandant aux États un formel désaveu. D'ailleurs, elle avait gaspillé dans des désordres de toute sorte les finances du royaume; il lui manquait l'argent, ce nerf de la guerre; c'était le droit et les moyens de violer sa parole qu'elle venait réclamer de la nation.

Malgré la duplicité d'un tel rôle, la cour était pleine d'illusions. N'avait-elle pas tout à espérer des États? La noblesse, sans doute, allait accueillir cette perspective de luttes et de combats avec l'ardeur qu'elle avait montrée partout où il y avait des coups à porter et de la gloire à conquérir. Le

clergé saisirait avec empressement cette occasion
de faire triompher la parole de Dieu. Restait le
tiers-état; mais elle comptait sur Versoris, l'avocat
des jésuites, son âme damnée; elle comptait sur
Bodin, l'illustre député du Vermandois, auquel
elle avait fait les plus brillantes promesses s'il
voulait seconder ses vues. Mais Bodin mit dans la
balance les faveurs de la cour et l'accomplisse-
ment de son devoir, et il n'hésita pas. Nous ne le
suivrons pas, Messieurs, dans cette lutte de chaque
jour, où on le voit zélé défenseur des idées paci-
fiques, soutenir les principes de tolérance religieuse, et disputer le terrain pied à pied contre
ceux de son ordre, contre Versoris, qui se fait le
champion des idées belliqueuses. Vains efforts, le
parti de la guerre l'emporte, et Bodin ne réussit
qu'à faire insérer cette restriction au cahier gé-
néral : que le roi n'userait, pour réduire ses sujets
à la religion romaine, que des plus douces et
saintes voies qu'il aviserait.

Ce demi-échec ne décourage pas Bodin. Il
restait à décider une question brûlante, celle des
subsides. La couronne venait de présenter aux
États un plan financier et demandait des fonds
pour le début de la guerre. Le débat recommence
avec un nouvel acharnement; cette fois l'avantage
est à Bodin; le tiers, à sa voix, se déclare sans pou-
voir pour accepter les propositions royales; et,
revenant sur son premier vote, il émet, pour la
première fois, le vœu que la réunion des Français
à une même religion soit opérée sans guerre. La

royauté recule à son tour. Déjà elle ne demande plus que l'autorisation d'aliéner une portion du domaine; mais Bodin, soldat infatigable, reparaît sur la brèche; il représente aux États « que le roi » n'est qu'un simple usager du domaine, que le fonds » appartient au peuple, et ne peut être aliéné sans » sa procuration expresse; qu'eût-on même des » pouvoirs à cet effet, l'intérêt public défendrait de » s'en servir. » Il discute, il subjuge l'assemblée moins encore par l'éclat de son éloquence que par la force de ses raisonnements; il la domine par l'ascendant de sa vertu et de son grand caractère; et obtient des États la décision finale, qui arrache à la royauté éperdue ce cri de dépit et de découragement : « Ils refusent de m'aider du leur et ne veulent pas que je m'aide du mien. »

Les hostilités avaient recommencé, mais il devenait impossible de continuer la lutte. La Charité avait capitulé, Issoire venait de se rendre, l'armée catholique s'avançait sous les murs de Montpellier, dont elle allait tenter le siége, lorsqu'un parlementaire s'avança entre les combattants en agitant le drapeau blanc; la paix venait d'être signée.

Bodin, Messieurs, n'eut pas le bonheur de mettre fin à la guerre civile, mais il put du moins, par ses nobles efforts, en écarter un moment le fléau et donner à la France haletante quelques instants de repos et de tranquillité.

De si graves préoccupations n'avaient pu cependant distraire Bodin de ses travaux de chaque jour. L'année même où nous le voyons jouer un rôle si brillant aux États de Blois, parut son grand ouvrage de la *République,* dont je demande, malgré l'aridité du sujet, à vous dire ici quelques mots.

La *République* est un traité en six livres de politique générale, dédié à M. du Faur seigneur de Pibrac. Bodin nous apprend dans son épître dédicatoire, quel a été son but en abordant ce grave entretien : « Puisque la conservation des royaumes » et empires, ainsi que de tous les peuples, dépend » après Dieu, des bons princes et sages gouverne- » ments ; c'est bien raison que les passagers y » prêtent la main, qui aux voiles, qui aux cor- » dages, qui à l'ancre ; et ceux à qui la force man- » quera, qu'ils donnent quelque bon avertisse- » ment. »

L'auteur recherche dans cet ouvrage, quelles sont les différentes formes d'États, et quelles institutions y correspondent ; puis il se demande si certaines circonstances physiques ne seraient pas de nature à exercer sur leur constitution une influence décisive ; et, remontant au principe de leur grandeur et de leur décadence, il est conduit à étudier les révolutions et les moyens de les prévenir ; vous avez reconnu, Messieurs, la méthode et le plan de l'*Esprit des lois.*

Et d'abord il distingue trois sortes d'États, suivant que la souveraineté réside dans le plus grand nombre, dans plusieurs ou dans un seul. Cette dernière forme constitue l'État monarchique, le plus parfait selon Bodin.

Mais cette souveraineté, quelle en est l'origine? Ici sa haute raison ne saurait se ranger à la théorie du droit divin. C'est dans la nation tout entière, que la souveraineté prend naissance; c'est là qu'est sa source et son principe. Mais ne peut-on en déplacer le foyer? Si la nation possède en son sein ce bien suprême, qui pourrait l'empêcher de s'en dessaisir. Qui s'opposerait à ce qu'elle usât de sa volonté toute-puissante, pour en revêtir un chef qui le posséderait à son tour, non plus comme un simple dépôt, mais en toute propriété? Ce droit que nul ne saurait lui contester, elle l'a exercé au profit du monarque, et le prince que la nation a placé à sa tête, tient d'elle la souveraineté comme un don de sa magnificence, mais comme un don irrévocable et sur lequel elle ne peut plus désormais porter la main.

Singulière déduction en vérité, celui qui vient de proclamer bien haut « que le souverain ne » peut se lier les mains, qu'il n'est pas tenu de ses » propres lois, qu'il ne peut engager ses succes- » seurs, » ne craint pas cependant d'admettre qu'il peut disposer de sa souveraineté même, la céder, la transmettre, la négocier presque, à l'égal d'une vile marchandise.

Je signale ici la contradiction, sans vouloir l'expliquer. L'excuse de Bodin est tout entière dans la sincérité et l'ardeur de son patriotisme. A l'exemple de tous les légistes, il voyait la grandeur de la France dans le développement des institutions monarchiques. Fût-ce une illusion de son esprit; qui oserait le soutenir? Quant à moi, messieurs, lorsque je considère quelles grandes choses notre pays a su accomplir, lorsque, ramené à une unité puissante par la main centralisatrice de la royauté, il put rassembler toute son énergie dans un suprême effort, je puis bien encore critiquer les raisonnements de Bodin, mais il ne m'est plus possible de blâmer ses tendances et de condamner ses vues.

D'ailleurs, Messieurs, l'état populaire, comme il l'appelle, ne lui apparaissait qu'à travers les orages de la ligue naissante, à travers ce désordre immense qui commençait à tout envahir, ce flot de libelles outrageants, de pilleries, d'assassinats; ce torrent de doctrines malsaines, le mensonge, la trahison, et par dessus tout, le régicide justifié, prôné, prêché publiquement, converti en principe politique, presque en dogme religieux. Faut-il s'étonner, Messieurs, qu'en face de ce chaos, les cœurs honnêtes se soient vigoureusement ralliés à la monarchie, comme au seul principe d'ordre et de sécurité?

Mais s'il veut la royauté forte et puissante, du moins la veut-il équitable et douce. Il ne confond pas le roi légitime avec le tyran qu'il voue à l'exécration des peuples; et tandis qu'en tête de ses conseils au prince, Machiavel inscrit cette formidable maxime: « il est plus sûr d'être craint que d'être aimé, » Bodin proclame « qu'il n'est forteresse plus haute pour maintenir l'État d'un prince, que l'amour de ses sujets. » Tandis que le publi-

ciste Florentin s'exprime sur le respect dû à la
parole donnée en disant, un prince prudent ne
doit pas tenir sa parole quand cela lui fait du tort,
Bodin n'hésite pas à s'écrier : Dieu même est tenu
à sa parole.

Son idéal c'est la loyauté et la justice. Écoutez comme il comprend le monarque : « Le roi,
» dit-il, doit obéir aux lois de la nature, c'est-
» à-dire gouverner ses sujets et guider ses actions
» par la justice naturelle, qui se voit et se fait
» connaître aussi claire et luisante que la lumière
» du soleil. C'est donc la vraie marque de la mo-
» narchie royale, quand le prince se rend aussi
» doux et ployable aux lois de nature qu'il désire
» ses sujets lui être obéissants. Ce qu'il sera, s'il
» craint Dieu surtout, s'il est pitoyable aux affli-
» gés, prudent aux entreprises, hardi aux exploits,
» modeste en prospérité, constant en adversité,
» ferme en sa parole, sage en son conseil, soigneux
» des sujets, secourable aux amis, terrible aux
» ennemis, courtois aux gens de bien, effroyable
» aux méchants et juste envers tous. »

La souveraineté dont il investit le monarque
n'est d'ailleurs pas sans limites. Il reconnaît à
l'individu deux facultés supérieures à la souveraineté même, et dont il n'a pu se dessaisir : la liberté naturelle et la propriété. De ces deux facultés
résultent pour le peuple des droits imprescripti-
bles : celui de repousser l'impôt, celui de se refuser à toute aliénation du domaine. Que le monarque n'essaie pas d'y porter atteinte, car une telle

entreprise serait le fait d'un tyran ; et il agirait alors, non plus en vertu de sa souveraineté, « mais » il vaudrait mieux dire par force et par armes, » qui est le droit du plus fort et des voleurs. »

Félicitons Bodin d'avoir, malgré ses préférences monarchiques hautement avoués, trouvé dans sa conscience et sa raison seules une notion si juste de nos droits, et d'en avoir donné cette formule hardie. Et aujonrd'hui encore, Messieurs, dans nos aspirations les plus audacieuses vers cet idéal qu'il est donné à notre esprit de concevoir, rêvons-nous autre chose que le maintien, le respect, la garantie de la liberté naturelle et de la propriété.

Mais c'est trop abuser de votre patience ; ces citations, que je ne veux pas multiplier d'avantage, suffiront, je l'espère, à vous faire apprécier, malgré des erreurs que je n'ai pas craint de vous signaler, la portée de son esprit et les qualités de son cœur.

Jusqu'ici Bodin n'avait appliqué son intelligence qu'aux questions politiques et sociales. On le voit plus tard dans l'*Heptaplomeres* et l'*Amphitheatrum naturœ* s'adonner à la métaphysique et aux sciences naturelles.

Cette étude incessante embrassant tour-à-tour toutes les branches du savoir humain, alors que les sciences n'en étaient encore qu'au bégayèment de la première enfance, devait développer dans son âme un secret penchant au mysticisme. Surpris de rencontrer dans la nature physique et morale tant de forces dont il ne pouvait approfondir les causes, il était amené à en attribuer l'existence à des influences occultes. Faut-il le dire, Messieurs, ce grand génie partageait les croyances de son temps sur l'astrologie et la sorcellerie; et les dernières années de sa vie furent employées à écrire un ouvrage qu'on voudrait retrancher de ses œuvres pour la gloire de l'auteur: la *Démonomanie.*

Nous n'insisterons pas sur ces faits; Bodin fut de son époque, tout en la dépassant de la hauteur de son génie. Mais s'il ne sut pas se défendre des superstitions du siècle, on lui doit d'avoir par ses travaux, enrichi les sciences qui devaient en triompher.

Les plus mauvais jours étaient passés. La ligue s'était usée par ses propres excès et achevait de succomber sous les coups du ridicule. Un horizon rasseréné promettait au pays le calme après la tempête. La France allait enfin respirer sous la prudente administration d'un gouvernement sage et vraiment national. Cet avenir plein de promesses, Bodin eut le mérite de l'apercevoir, alors que le plus grand nombre se refusait encore à l'espérance. Il ne se contente pas d'embrasser chaudement le parti du Béarnais, il usa de son influence, pour y amener les populations confiantes dans la justesse de ses vues et la sincérité de sa parole. Le succès couronna ses efforts; et il put saluer l'aube de ce glorieux avènement; plus heureux encore, s'il lui eût été permis d'assister quelques années plus tard à ce grand acte de tolérance religieuse, qui eut donné satisfaction à ses aspirations les plus légitimes.

Bodin mourut pauvre; et comme il le dit dans son testament, le plus pauvre des procureurs du roi de France, après avoir tenu dans sa main la clef de la fortune. Sans doute, Messieurs, ces grands actes de désintéressement, proclamons-le à l'honneur de l'humanité, ne sont pas aussi rares que voudraient le faire croire certains esprits moroses, et notre ordre en offre à toute époque de glorieux exemples; mais nous devons au moins un légitime hommage à tous ceux qui ont su, d'âge en âge, en perpétuer parmi nous la sainte tradition.

Telle fut la vie de ce vertueux citoyen. Ses œuvres furent comme son caractère, grandes et honnêtes. D'autres viendront qui, avec une logique plus rigoureuse, tireront les conséquences des prémisses qu'il a posées, et proclameront les grands principes d'où se dégagera l'idée lumineuse de nos droits; mais la splendeur de leur œuvre ne doit pas nous faire mettre en oubli ceux qui leur ont montré la route et frayé le chemin; et parmi ces derniers, Bodin m'a paru mériter un témoignage tout particulier de reconnaissance. Sa vie fut une vie de luttes et d'épreuves. Mais ces luttes, ces épreuves n'ont pas été perdues; nous en recueillons aujourd'hui le fruit. Par ses grands principes, ses hardies conceptions, Bodin peut réclamer une large part dans l'édifice de nos institutions, j'ajouterai même de nos libertés.

FIN